L'ANGE
TENTATEUR.

ROMAN,

PAR M. CHARLEMAGNE DEULIN,

A CONDÉ.

VALENCIENNES,
IMPRIMERIE DE A. PRIGNET, RUE DE MONS, 9.
1851.

L'ANGE TENTATEUR.

ROMAN.

> O! why did God,
> Creator wise, this peopl'd highest Heaven
> With spirits masculine, create at last
> This novelty on earth, this fair defect
> Of nature, and not fill the world at once
> With men, as angels, without feminine;
> Or find some other way to generate
> Mankind!
>
> MILTON, Paradise lost, book X.

> Oh! pourquoi Dieu, créateur sage, qui peupla les plus hauts cieux d'esprits mâles, créa-t-il à la fin cette nouveauté sur la terre, ce beau défaut de la nature? Pourquoi n'a-t-il pas tout d'un coup rempli le monde d'hommes, comme il a rempli le ciel d'anges, sans femmes? Pourquoi n'a-t-il pas trouvé une autre voie de perpétuer l'espèce humaine?
>
> MILTON, Paradis perdu, livre X.

I.

Nous suivions à pas lents le sentier sinueux,
Le vieux prêtre appuyé sur son bâton noueux,
Et moi, le regard morne, et la tête affaissée
Sous le poids accablant d'une sombre pensée.
C'était un beau vieillard de soixante-quinze ans,
Au front large, encadré par de longs cheveux blancs;
Voyageur fatigué près de quitter la terre :

1851

« Oh ! vous ne savez pas, lui disais-je, mon père,
— Car entre nous déjà sa facile pitié
Permettait ce doux nom à ma jeune amitié, —
« Oh ! vous ne savez pas quelle horrible souffrance
« Vous dévaste le sein, quel désespoir immense
« Décolore à jamais votre bel horizon,
« Et vous fait de la vie une froide prison,
« Quand celle qu'on croyait fidèle, aimante et bonne,
« Comme un jouet d'un jour soudain vous abandonne ! »
Et ma voix à ces mots de larmes se voila.
— « Comme elle vous oublie, enfant, oubliez-la ;
« Soyez homme, dit-il. Il est une vengeance
« Pour répondre au mépris, et c'est.... l'indifférence !
— « Il n'est pour l'oublier qu'un asile.... la Mort !
« La Mort, douce berceuse au chant qui vous endort,
« La Mort compatissante au malheureux qui pleure....
« Quand viendra-t-elle enfin sonner ma dernière heure ?
— « La Mort !... mais pour mourir avez-vous donc vécu ?
« Le soldat qui du poste a fui, fût-il vaincu
« Est un lâche !... — Mon père, épargnez ma faiblesse....
« Grâce ! n'insultez pas à mon âme en détresse !
« Vous, prêtre saint, blanchi dans les austérités,
« Savez-vous de l'Amour les âcres voluptés,
« Ses sombres désespoirs, son délire, sa rage ?....
« Non.... la vertu vous fut d'un facile courage !
« Le lévite lié d'un serment solennel
« Ne brûle que d'un feu, l'amour de l'Éternel !
« Mais moi, sur cette terre où l'ennui me dévore,
« De mon bonheur sevré, pourquoi resté-je encore ?...
— « L'homme est né pour souffrir ! — Mais lorsque le malheur
« A mis enfin le comble à l'humaine douleur ?...
— « Le comble !... je connais un malheur plus terrible !

— « Un plus grand que le mien?... Hélas ! c'est impossible ;
« Songez qu'elle m'aimait, qu'elle ma délaissé....
— « Seigneur ! faudra-t-il donc qu'à ce pauvre insensé
« D'un temps trop éprouvé je raconte l'histoire,
« Tentations, combats, douloureuse victoire...
« Cinquante ans ont passé sur ce vieux souvenir,
« Hélas ! et comme un tronc qui semble rajeunir,
« Quand le soleil d'avril vient reverdir les chênes,
« Je sens qu'à flots plus vifs mon sang coule en mes veines.
« Contre mon front aussi l'orage s'est lassé !..
« Quand j'aurai sous vos yeux déroulé le passé,
« Vous jugerez, enfant, si la céleste grâce
« De l'aube du lévite a fait une cuirasse.
« Comme on se purifie avant d'entrer au port,
« Ecoutez cet aveu sur le seuil de la mort !
« Dieu me pardonnera si je sauve du crime
« Cette âme qu'un vertige entraîne vers l'abîme. »

Chacun de nous s'assit sur un banc de gazon.
Le soleil, descendu derrière l'horizon,
Laissait des cieux pâlis s'étendre sur la terre
Le vaporeux rideau de l'ombre et du mystère ;
Et l'on n'entendait plus que le son argentin
De l'Angélus chanté par un clocher lointain,
Ou des feuilles du bois le frémissant murmure,
Comme un vaste concert de toute la nature.

II.

« Après le jour brûlant — la nuit et sa fraîcheur...
Ainsi passent, mon fils, les orages du cœur.

A peine, vers le soir, il en reste une trace,
Puis l'éternelle nuit descend... et tout s'efface !
Mais l'homme veut souffrir... il aime ses tourments,
Et vieux, il les raconte et pleure ses vingt ans.

« Je vois encor mon père auprès de la fenêtre,
Un jour quand il me dit : « Enfant, tu seras prêtre,
« Et tu seras heureux !.. tu ne sentiras pas
« A remuer le sol s'user tes faibles bras. »
Tu l'as fait pour mon bien, je te bénis, mon père,
Mais j'eusse préféré, pauvre et nu sur la terre,
Des sueurs de mon corps arroser les sillons,
Et j'eusse été peut-être heureux sous mes haillons.
J'aurais eu des enfants, une épouse — beau rêve,
Qui me poursuit partout et qu'en pleurant j'achève !

« J'étais simple, ignorant, j'applaudis à ce choix.
Hélas ! je me courbais sous une lourde croix !
Faut-il vous raconter l'incessante torture
Du novice domptant sa fougueuse nature,
Contre la chasteté les révoltes des sens,
Mon sang qui s'allumait au feu de mes seize ans?
Enfin, je l'emportai : le jeûne, le cilice
M'aidèrent jusqu'au bout à boire ce calice.
Comme un lis que l'orage en passant a flétri,
Je sortis du combat, triomphant, mais meurtri.
J'étais heureux et fier de me croire invincible :
Jeune soldat du Christ, un assaut plus terrible
Attendait mon courage ; et si j'ai tout bravé,
La gloire est à Dieu seul, car Dieu seul m'a sauvé.

« Bientôt je revêtis le sacré caractère,
Qui devait pour jamais m'isoler sur la terre ;
Un serment solennel m'unit au Dieu jaloux,
Et l'Église en ses bras reçut son chaste époux.
J'en atteste Jésus, à ce moment suprême,
Un saint enivrement me ravit à moi-même ;
Le monde disparut, et je crus voir la main
D'un ange qui des cieux m'indiquait le chemin.

« Aux confins de la France, et non loin de Genève,
Sur les sauvages bords où le Jura s'élève,
Et qu'immortalisa l'infortuné Rousseau,
L'évêque m'envoyait desservir un hameau.
Je partis rayonnant de joie et d'espérance.
N'avais-je pas vidé la coupe de souffrance,
Dit adieu sans retour au monde, à ses plaisirs ?
Qu'avais-je à craindre encor des coupables désirs ?
Comme une onde qui fuit sous de riants ombrages,
Mes jours devaient couler sans bruit et sans orages ;
Et de l'amour divin l'ineffable douceur
Suffirait à combler le vide de mon cœur.
Tels étaient mes projets, mes rêves d'innocence.
Quand un jeune malade entre en convalescence,
A ses sens ravivés tout est riant et beau,
Tout semble comme lui revenir du tombeau,
Un nouveau soleil brille en la voûte azurée,
Et de plus riches fleurs la terre s'est parée.

« Souvent je gravissais les monts silencieux,
Mon âme s'épurait en s'approchant des cieux ;
Je voyais sous mes pieds onduler les prairies,
Et comme elles flottaient mes vagues rêveries.

Puis mes yeux s'élevaient au séjour éternel,
Pour y chercher de Dieu le regard paternel ;
Et je sentais mon cœur se fondre de délices,
Et je m'applaudissais de tous mes sacrifices.
« Gloire à toi ! Gloire à toi ! Créateur souverain !
« Toi qui fus mon Principe, oh ! sois aussi ma Fin !
« Toi seule es tout mon bien, Bonté, Beauté suprême,
« Puissé-je ainsi toujours t'aimer comme je t'aime ! »

« Dans ces élans parfois la nuit me surprenait,
Nuit tiède, car déjà le printemps revenait.
Quand l'ombre des sommets grandissait dans la plaine,
Je regagnais pensif mon rustique domaine ;
Et je passais sans bruit à travers le hameau,
Comme un pasteur qui craint d'éveiller son troupeau.
Ces bonnes gens m'aimaient comme on chérit un père,
Car je n'abusais pas de mon saint ministère
Pour leur faire du Christ un Dieu de châtiment :
Le Dieu que je prêchais était un Dieu clément.
Le dimanche, à ma porte, assis sous un vieux hêtre,
J'assistais aux ébats de la foule champêtre.
Les anciens échangeaient mille propos divers,
Je causais avec eux des seigles, des blés verts ;
Les jeunes gens dansaient, et ma seule présence
Sans chasser la gaîté maintenait la décence.
Je contemplais leurs jeux sans trouble, sans terreur.
Sans doute, un ange alors veillait près de mon cœur ;
Ou bien, pour qu'il brûlât de ces ardeurs profanes,
Les rustiques attraits des jeunes paysannes
Contre l'amour céleste étaient-ils impuissants ?
— Jours trop vite écoulés, jours purs, jours innocents,
A qui devait si tôt succéder la tempête,
Laissez-moi dire encor combien je vous regrette !

« Mai brillait sur les monts, frais, riant et vermeil.
L'Eglise, du printemps célébrant le réveil,
Dédia ce beau mois à la Reine des anges.
Tous les soirs, dans le temple, on chantait ses louanges.
Le salut finissait, les pieux assistans
Sortaient silencieux, recueillis, à pas lents.
La nef était muette et la foule écoulée,
J'allais sortir... soudain, une femme voilée..,
Oh! cette image est là, devant mes yeux, toujours!
Ce port fier, cette taille aux gracieux contours!...
Aux pieds de la Madone, à la voir prosternée,
On eût dit une sœur devant sa sœur aînée.
Je restai stupéfait, immobile, ébloui...
Mais le rêve déja s'était évanoui.
Jamais tant de fierté, de grâce, de décence
N'avaient point à mes yeux l'Ange de l'innocence ;
Et pourtant d'une lampe à la faible lueur,
Je l'entrevis à peine... et je sortis rêveur.

« L'aimable vision, au fond du presbytère,
Malgré moi me suivit et troubla ma prière ;
Enfin je m'endormis, mais je vis en dormant
Debout, à mon chevet, le fantôme charmant.
Elle avait un regard d'ineffable tendresse,
C'était un long regard, doux comme une caresse
De la mère du Christ à son fils nouveau-né.
Sous ce rayon d'amour, muet et fasciné,
J'admirais ses yeux noirs, sa blonde chevelure,
Les charmes ravissants de sa douce figure ;
Et, la veille, ces traits que je n'avais pas vus,
Je croyais les revoir, et je les reconnus !

« Durant huit jours entiers, la dangereuse image
Harcela mon esprit sans trêve et sans partage.
Enfin ma volonté parvint à la bannir.
Déjà ce n'était plus qu'un faible souvenir,
Quand un soir, au moment où monté dans la chaire,
Je parlais du Sauveur, de sa divine Mère,
Dans l'ombre d'un pilier, je crus apercevoir
Celle que j'espérais et tremblais de revoir.
Je ne sais, mais au lieu de me troubler, sa vue
Mit dans tous mes accens une force imprévue.
Je semblais défier cet ange tentateur
Qui jusque sur l'autel venait chercher mon cœur;
Et des saintes vertus je sus peindre les charmes
Sous des traits si touchans que j'arrachai des larmes.
Pourtant je frissonnais sous son regard fatal....
Sans cesse il m'attirait comme un brillant fanal
Dont un mauvais génie enflamme le rivage,
Où, parmi les rescifs, va sombrer l'équipage.
Tel dut étinceler le regard malfaisant
Du monstre qui perdit Eve en la séduisant.
Mon sang se soulevait pour lui crier : arrière !
Lorsqu'en passant, je vis, sous sa longue paupière,
Comme une blanche perle, une larme trembler,
Et je sentis mon sein frémir et s'ébranler.

« Frémissait-il d'amour?... Non, mais sans la maudire,
Il se laissait aller à son magique empire....
J'avais voulu braver son air timide et doux...
Une larme éteignait mon austère courroux !
Comme Eve, au lieu de fuir, j'avais voulu combattre ;
Sous le serpent bientôt forcé de me débattre,
Je croyais l'étouffer par un suprême effort...

Mon orgueil n'avait fait que m'enlacer plus fort !
Oh ! l'Orgueil, mon enfant, déplorable faiblesse
Qui semble vous grandir lorsqu'elle vous abaisse !
Conseiller imposteur et trop tard confondu,
Je le compris enfin, l'Orgueil m'avait perdu !

« Comme la biche alors par la meute lancée,
Emporte dans ses flancs le plomb qui l'a blessée,
Je m'enfuis sur les monts, dans le fond des forêts,
Cherchant partout l'oubli, le repos et la paix.
Mais partout me suivait l'infatigable image,
J'emportais dans ma tête un éternel orage !
Oh ! c'était un combat sombre, désespéré !
La nuit je m'éveillais en sursaut, égaré,
Le visage inondé de sueur, l'œil farouche ;
Des fantômes sans nombre épouvantaient ma couche ;
Et déjà je croyais sentir l'horrible dent
Du Remords, hôte affreux d'un sein trop imprudent !
Alors, à deux genoux, prosterné sur la pierre,
J'élevais au seigneur mon ardente prière :
« L'abîme est là, béant, qui m'attire toujours !
« Du haut des cieux envoie un ange à mon secours,
« Seigneur !...... »

« Il m'entendit.... une divine extase
Déjà d'un feu plus pur me pénètre et m'embrase....
J'ai compris que pour fuir l'attrait mystérieux,
Il fallait me poser un bandeau sur les yeux.
Mais tout ne doit-il pas me préserver du piége ?...
Quel fruit me reviendra d'une ardeur sacrilége,
Sinon, régime amer, de dévorer mon cœur,
Sans pouvoir inspirer qu'une invincible horreur ?

Un prêtre consumé par une flamme impure !
Ce monstrueux amour révolte la nature !...
Pauvre enfant si naïve en sa sécurité,
O ! combien pâlirait son front épouvanté,
Si sa candeur pouvait soupçonner que ce prêtre,
Sous un masque imposteur cache l'âme d'un traître !
Près d'elle, dès ce jour, je passai sans la voir,
Mais toujours je sentais sur moi son grand œil noir ;
Et, dans mon air troublé, chacun me semblait lire
En traits accusateurs mon coupable délire.

« Ainsi par la raison mon penchant combattu
M'aurait laissé jouir d'un reste de vertu....
Un dimanche, en quêtant l'offrande habituelle,
Les yeux tournés ailleurs, je m'arrêtai près d'elle ;
Par mégarde sans doute, et sans le voir, soudain
De sa main frémissante, elle effleura ma main.
Je restai foudroyé, sans pouls et sans haleine,
Sous le frisson d'amour qui courut dans ma veine ;
Comme un rapide éclair mon regard enflammé
Rencontra son regard... et tout fut consommé !
Dans l'œil de l'autre, hélas ! chacun, comme en soi-même,
Avait vu rayonner ce mot fatal : je t'aime !
Et chacun l'avait vu sans honte, sans terreur,
Tant cet horrible amour étreignait notre cœur !
O Puissances du ciel ! ô crime abominable !
Comme sur les Hébreux, sur ma tête coupable,
Grand Dieu du Sinaï, Dieu vengeur ! Dieu jaloux !
Que ne fis-tu tomber le feu de ton courroux !...
Mais tu ne voulus pas saisir dans l'épouvante
L'âme d'un réprouvé, pour la plonger vivante
Dans les gouffres sans fond de l'abîme infernal,
Et dans mon lâche cœur tu souffris un rival !

« Hélas ! j'étais vaincu !... je me livrai sans crainte,
Que dis-je ! presque fier, à l'aimable contrainte...
Etre aimé ! non jamais je n'eusse osé rêver
L'impossible bonheur qui venait me trouver.
Que pouvait la vertu, l'innocence elle-même
Contre un mot si puissant et si doux : elle m'aime !
D'ailleurs je ne formais que des vœux innocents,
Des désirs dégagés de la fougue des sens,
Simples, chastes et purs comme elle chaste et pure :
C'était Dieu que j'aimais jusqu'en sa créature.
Ainsi dans mes écarts, facile à m'abuser,
Je trouvais un prétexte, hélas ! de m'excuser.

« N'attendez pas de moi qu'ici je vous raconte,
Dans ses honteux détails, l'histoire de ma honte :
Ces subites rougeurs, ces doux saisissements,
Ces regards échangés, ces longs ravissements,
D'un amour criminel furtifs et charmans gages,
Et de nos âmes sœurs mystérieux langages.
Bien qu'entre un crime et vous je sois intervenu,
Peut-être ai-je déjà trop mis mon cœur à nu ;
Pour le connaître à fond, regardez dans le vôtre,
Car l'histoire de l'un est l'histoire de l'autre.

« Mais bientôt l'âpre hiver, de son vaste linceul,
Va blanchir le vallon, où je languirai seul...
Je pleurai quand partit la dernière hirondelle.
Comme elle passagère et frileuse comme elle,
La jeune fille allait me fuir jusqu'au printemps,
Et, triste, semblait dire : adieu, pour bien longtemps !
Dans la chapelle, un jour, sa place resta vide.
En vain je la cherchai partout d'un œil avide,

Tout parut se voiler dans le temple désert!
Tant que dura l'absence, oh! comme j'ai souffert!
Combien l'hiver fut long, et sombre et monotone!
Parmi les noirs sapins dont le mont se couronne,
Livrant mon front brûlant aux vents glacés du soir,
Morne et silencieux, souvent j'allais m'asseoir.
De là, je contemplais le château solitaire,
Où naguère habitait, seule avec son vieux père,
Celle qui m'avait fait presque oublier mon Dieu,
Et m'avait dit peut-être un éternel adieu.
Dans la brume, les yeux fixés sur la fenêtre,
Où, sans qu'elle me vit, je la voyais paraître :
« Sans doute, en ce moment, dans une fête, au bal,
« Elle m'oublie au bras de quelque heureux rival,
« Me disais-je... » Un rival! Bien que toujours chassée,
Toujours me revenait cette amère pensée.

« Enfin, les prés, les bois, les champs, tout reverdit.
Mon cœur impatient d'allégresse bondit,
Quand le bois résonna des chansons des fauvettes,
Et que je vis les prés tout blancs de paquerettes.
Je rendis grâce au ciel de finir mon tourment,
Tant était grand l'excès de mon égarement!
Le ciel, le juste ciel, lassé de tant de crimes,
Allait bientôt punir mes feux illégitimes,
Me laisser tout entier en proie aux passions,
Et mettre enfin le comble à mes tentations.

« Sur l'antique manoir, une lune douteuse
Répandait sa clarté tremblante et vaporeuse.
Longeant les murs du parc, je cheminais sans bruit,
Par je ne sais quel doute ou quel soupçon conduit.

Tout-à-coup, une voix harmonieuse et pure
Vibra dans le silence où dormait la nature.
Du rossignol plaintif ce n'était pas le chant,
C'était un chant plus frais, plus tendre et plus touchant.
Immobile, étonné, retenant mon haleine,
La brise m'apportait ces accens de sirène :
« C'est elle, me disais-je, oh! je n'en puis douter! »
Et je me rapprochais pour la mieux écouter,
Dieu! qu'entends-je!.. une voix, jeune, mâle, sonore,
Se marie à la sienne .. Ah! j'en frémis encore!
Ils chantaient un vieux lai d'amour et de bonheur...
Mon sang comme la foudre afflua vers mon cœur,
Et, battant ma poitrine à me rompre une artère,
Faillit me renverser expirant sur la terre.
Quel siècle de douleur dans ce moment si court!
Mais bientôt dans le parc, on parle, on rit, on court.
J'avance vers la grille, et, caché par les branches,
J'ai vu, tout près de moi, passer des robes blanches.
Un couple suit de loin, tous deux jeunes, charmans,
Chuchotans, pas à pas, comme un couple d'amans.
La sueur à longs flots coulait sur mon visage,
Et mes mains se tordaient dans un transport de rage!
« Pour cette femme.... tout.... avoir tout renié!
« Un autre vient.... et moi.... moi, je suis oublié!
« Oublié!... m'aimait-elle? Hélas! elle raconte
« Sans doute, à cet amant, ma torture et ma honte!
« Combien elle rirait si l'on pouvait me voir,
« A sa porte, écoutant, pâle de désespoir,
« Comme un vil espion, comme un voleur peut-être,
« Moi, cet homme de Dieu que l'on appelle un prêtre!
« Que suis-je donc, Seigneur!... » et m'enfuyant soudain
Dans les bois, dans les champs j'errai jusqu'au matin.

« Je n'ai dans cette nuit qu'un souvenir lucide.
Faut-il vous l'avouer ? Le hideux Suicide
Devant mes yeux hagards un moment s'est dressé ;
Mais d'horreur sur-le-champ ma main l'a repoussé.
« Moi ! j'irais soldat lâche et déserteur infâme,
« Attenter à mes jours, perdre à jamais mon âme.
« Pourquoi ? pour l'abandon d'une femme sans cœur
« Qui poursuivrait ma mort de son rire moqueur !
« Non, non, vivons plutôt, il en est temps encore ;
« Vivons pour effacer un passé que j'abhorre,
« Pour bénir les tourments qui m'ont ouvert les yeux,
« Et sortir du combat pur et victorieux ! »

« Dès lors, dans tous mes traits, sur mon front impassible,
Rien ne vint révéler que j'eusse été sensible.
Près d'elle, je passai froid, calme, indifférent ;
Et, ce que n'avait pu le remords déchirant,
L'orgueil humilié me le rendit facile,
Et vainquit un penchant au ciel même indocile.
Sur mon rival, un jour, j'allai jusqu'à lever
Un regard curieux comme pour la braver :
C'était un beau jeune homme à la haute stature,
Front large, cheveux noirs, noble et pâle figure.
A cet aspect poignant, de mon malheur certain,
Je semblai savourer l'horreur de mon destin ;
Mais cette joie était une âpre frénésie,
Le comble du délire et de la jalousie.
Hélas ! en repassant je le sentis trop bien,
Et mon regard encor se détourna du sien.

« Enfin, comme le Christ, j'entrevis mon calvaire !
Un jour, je me traînai chancelant vers la chaire,

Pareil au condamné qui monte à l'échafaud ,
Murmurant d'une voix convulsive : il le faut !
Et là, sans me trahir, j'eus l'effrayant courage
Moi-même d'annoncer son prochain mariage.
« Frappe, Seigneur ! bientôt la source aura tari !
« Bientôt je serai mort ou je serai guéri !
« Frappe, tu trouveras mon âme préparée,
« J'accepte la douleur et je l'ai mesurée :
« Il ne me reste plus, sur son front virginal ,
« Qu'à bénir de ma main le voile nuptial.
« Hâte-toi donc, Seigneur ! qu'une angoisse dernière
« Elève entre nous deux l'éternelle barrière ! »

La chapelle est déserte et le soir est brûlant.
A la pâle clarté d'un cierge vacillant,
Dans le saint Tribunal j'attends la pénitente.
D'un pas ému frémit la nef retentissante !...
C'est elle !... mon cœur bat... « Grand Dieu ! sois mon soutien !
« Ton prêtre n'a pu fuir ce terrible entretien.
« Mais n'est-ce pas un rêve ? Ici... quoi ? Cette femme ,
« Elle va, seule à seul, me dévoiler son âme,
« A moi, pauvre insensé qui l'aime avec fureur,
« A moi qu'elle méprise ou qui lui fais horreur !
« Oh ! que je la maudis ! » — « Bénissez-moi, mon père !»
A cet accent si doux, je sentis ma colère
S'éteindre et faire place à d'autres sentimens.
Qui peindra de mon cœur les secrets mouvemens ?
Son air était si triste et sa voix si touchante !
On eût dit à la voir timide et repentante
La Madeleine aux pieds du Sauveur des humains.
Mais quand, pour la bénir, j'étendis les deux mains,
Quand, voulant prononcer les paroles d'usage,
Ma voix ne put d'abord se frayer un passage ;

Qu'elle aperçut mon trouble, et qu'enfin je repris,
Avec ma dignité, ma force et mes esprits ;
Quand mon souffle brûlant rencontra son haleine,
Je la vis tout-à-coup, à la grille de chêne,
Appuyer sa main blanche et son front pâlissant,
Puis s'affaisser sur elle avec un cri perçant.
Soudain je m'élançai : mourante, inanimée,
Je la pris dans mes bras, de sa robe fermée,
Rapide, et ne songeant qu'à mon pieux dessein,
Je détachai l'agrafe et mis à nu son sein.
J'étais seul, sans secours... quelques gouttes d'eau sainte
Lui rendirent la vie et m'ôtèrent ma crainte.
Devant elle, à genoux, j'enveloppais ses yeux,
Son front décoloré, tous ses traits gracieux,
D'un regard chaste et pur ; et bientôt sa paupière
Avec un long soupir s'ouvrit à la lumière.
Elle tourna vers moi son œil faible et troublé,
Lentement l'abaissa sur son sein dévoilé ;
Et, par un mouvement de pudeur féminine,
Rougit, et se croisa les bras sur sa poitrine.
Puis, elle se leva, par un subit effroi,
Et pâle, à reculons, toujours fixant sur moi
Son regard dans lequel, comme un long jet de flamme,
Muette, elle semblait darder toute son âme,
Vers la porte, hésitante, elle se dirigea...
Et moi, les bras tendus, je m'écriai : Déjà !
Dans mes bras, à ce cri, je la vois qui s'élance,
Et tous deux, éperdus, dans un brûlant silence,
Confondant de nos seins l'horrible battement,
Nous nous sentions mourir dans cet embrassement !
Je voulus fuir. — « Oh ! non, c'est trop lutter, dit-elle :
« Qu'importe des enfers la souffrance éternelle !
« J'accepte tout au prix d'un instant de bonheur !

« Dieu ne peut à ce point torturer notre cœur !
« Le temps presse, écoutez : dans les murs de Genève,
« Ensemble, une voiture, à minuit, nous enlève.
« Là, sans obstacle enfin nous pourrons nous unir,
« Et mon père viendra pardonner et bénir.
« De sa fille il saura l'indomptable souffrance,
« Une âme paternelle est pleine d'indulgence. »
Elle dit, se détourne et confuse s'enfuit
En me jetant ces mots : « à la grille, à minuit ! »

« Je courus m'enfermer au fond du presbytère.
Comme un homme étourdi par un coup de tonnerre,
J'étais là, palpitant, l'œil effaré, surpris....
Une tourmente affreuse agitait mes esprits...
M'asseyant, me levant, marchant avec vitesse,
M'arrêtant, chancelant, dans une folle ivresse..
« O bonheur ! m'écriais-je, enfin elle est à moi ! »
Puis, comme pour me fuir, je reculais d'effroi.
« Quoi ! ne serai-je pas aussi courageux qu'elle?
« Qu'importe des enfers la souffrance éternelle ?
« Dieu ne peut à ce point torturer notre cœur !
« C'est elle qui l'a dit. J'accepte mon bonheur.
« Mais un prêtre?... Eh bien ! Quoi! suis-je donc si coupable ?
« Est-ce un si grand forfait, un crime abominable ?
« Doit-on s'en prendre à moi, si d'un être égaré
« On a tiré jadis un serment abhorré ?....
« Le crime en est à ceux dont la perfide amorce
« M'a courbé sous le faix sans calculer ma force.
« Pourquoi vierge toujours et toujours malheureux ?
« Quel fruit revient au ciel de ces stupides vœux ?
« L'Homme doit-il sur terre, animal inutile,
« Traîner dans les tourments sa jeunesse stérile ?

« Non, cette absurde loi révolte ma raison.
« Vous appelez la terre une dure prison,
« Et vous voulez encor raccourcir votre chaîne,
« Pour plaire à Dieu sans doute. — Ah ! c'est un Dieu de haine
« Alors, — c'est un Démon dont la malignité
« Pour la faire souffrir créa l'Humanité !
« Eh bien ! moi, contre lui j'ose lever la tête,
« Et quels que soient les feux qu'aux enfers il m'apprête !..
« Mais non, vous êtes bon, mon Dieu, mais les humains
« Dénaturent toujours l'ouvrage de vos mains.
« Voyant la solitude à l'homme si funeste,
« Vous avez façonné sa compagne céleste,
« Et vous leur avez dit : « Mes enfans, aimez-vous,
« Croissez, multipliez, car vous êtes époux. »
« Elle vous a compris, cette sage Réforme,
« Qui ne fait plus du prêtre un être seul, informe,
« Qu'en l'appelant mon père, on a déshérité
« Du plus beau don du Ciel, de la Paternité !
« Cité des vrais chrétiens, cité républicaine,
« Genève, dans tes murs j'irai briser ma chaîne ;
« J'adorerai ton Dieu, car pour tous les mortels
« Il n'est qu'un même Dieu, quels que soient les autels !
« Là, j'aurai des enfans, une épouse adorée,
« Au sein de ma famille une vie honorée,
« Tous seront fiers de moi... de moi, le rénégat !
« Prêtre fornicateur, adultère, apostat !
« Des rangs de la vertu transfuge vers le vice,
« Et qui n'a pour sa foi su faire un sacrifice !
« Oserai-je presser dans mes bras corrupteurs
« Ces enfants, fruits du crime et fruits accusateurs !
« Un jour, sans doute, un jour, ils renfront le père
« Qui les aura flétris dès le sein de leur mère ;

« Et leur mère, elle aussi, désenchantée un jour,
« Sinon pour le maudire, oubliera son amour.
« Quand à ne plus s'aimer tous deux on s'accoutume,
« Le pain de l'Etrangère est un pain d'amertume ;
« A mon berceau s'assit la triste Pauvreté,
« Ah ! mieux vaut rester pauvre avec ma dignité !

« Voilà donc cette vie aimable et fortunée,
« Par les plus noirs chagrins bientôt empoisonnée !
« J'aurai fait son malheur et le mien ici-bas !
« Et quand je goûterais le bonheur dans ses bras,
« Quand notre ciel toujours brillerait sans nuage,
« Toujours, devant les yeux, n'aurais-je pas l'image
« Du Dieu de mon enfance autrefois renié,
« Qui sans doute à son tour m'aurait répudié?
« Je me plains que ce Dieu m'ait élu pour son prêtre...
« M'a-t-il donc consulté quand il me donna l'être ?
« Est-ce à moi de sonder ses décrets souverains ?
« Au céleste Séjour terrestres pèlerins,
« Prêtres, rois ou soldats, la caravane humaine
« A travers les douleurs s'avance... et Dieu la mène !
« Malheur ! malheur à ceux dont l'esprit inconstant
« S'arrête pour cueillir le plaisir d'un instant ;
« Car bientôt, détrompés de leurs vaines chimères,
« Ils verront se flétrir leurs bonheurs éphémères,
« Et dégoûtés de tout, ils trouveront au port
« Le Désespoir ouvrant les portes de la Mort!
« Non, il n'accuse pas, Seigneur, tes mains fécondes,
« Ce long gémissement qui s'élève des Mondes !
« Au fond de sa misère, en ton sein paternel,
« L'Humanité conserve un espoir éternel ;
« Car l'âme est un rayon d'une flamme divine,

« Qui dans l'argile aspire à sa noble origine !
« En ton sein le Bonheur, ici-bas le Devoir,
« Voilà ce que nous dit cet éternel Espoir.

« Souffrons donc. Jusqu'au bout accomplissons la tâche.
« N'a-t-il pas accompli la sienne sans relâche
« Cet Homme pour la terre au ciel sacrifié,
« Ce Dieu qui sauva l'homme et fut crucifié ?
« Le Christ a-t-il jamais, dans les bras de la Femme,
« Cherché quelque repos aux tourmens de son âme ?
« N'a-t-il pas arrosé de sang et de sueurs,
« Sans joie et sans amour, ce sentier de douleurs ?
« Je veux le suivre, ô Christ, ton exemple sublime,
« Et puisqu'aussi le Ciel me choisit pour victime,
« L'heure du rendez-vous sonne.... allons m'immoler,
« Pour la dernière fois, la voir, la consoler,
« L'implorer, l'attendrir, faire couler ses larmes...
« Mais comment résister au pouvoir de ses charmes ?
« Non, non, restons plutôt! Pour son bonheur, le mien,
« Je ne dois pas braver ce coupable entretien.
« Quand il sera trop tard, quand l'aube matinale
« Annoncera tantôt la fête nuptiale,
« Sûr de moi désormais, je pourrai la revoir
« Et préparer son âme à ce triste devoir. »

« Vous connaissez l'amour, il ne faut pas vous dire
Jusqu'où, le lendemain, dut aller mon martyre.
Quand ainsi, tout un jour, notre cœur s'est brisé,
Il n'est plus de souffrance, et le cœur est usé.
On dit que des damnés la plus grande torture
Est de comprendre à fond la divine Nature,
De concevoir trop tard d'impossibles amours,

Et, toujours l'adorant, de la perdre toujours...
Je le crois. J'ai connu ce désespoir suprême,
Sachant tout ce qu'on perd, de perdre ce qu'on aime;
Pauvre enfant! qu'elle était touchante en sa douleur !
Chacun de ses sanglots retombait sur mon cœur :
« Pour vous, j'obéirai, puisque le ciel l'ordonne,
« J'en mourrai, je le sens, et je vous le pardonne. »
— « Oui, je l'espère, un jour, et peut-être bientôt,
« Nous quitterons l'exil pour retourner là-haut !
« Consolez-vous, enfant, nous partirons ensemble ;
« Ou, si je vous devance, et si votre âme tremble,
« Dieu me le permettra, je viendrai radieux
« Chercher mon doux trésor pour l'emporter au cieux.
« Là, dépouillés des sens, dont l'attrait nous égare,
« Plus de serment, de loi, plus rien qui nous sépare ;
« Et nous pourrons confondre, en cet heureux séjour,
« Notre amour épuré dans l'éternel Amour ! »

« Je n'ai de ce qui suit qu'une image imparfaite :
Je sais que tout riait comme en un jour de fête,
Qu'un beau soleil de juin dorait les champs jaunis,
Que les oiseaux volaient sur le bord de leurs nids ;
Que les filles portaient leurs atours des dimanches,
Leurs tabliers de soie avec leurs coiffes blanches ;
Que de mille festons le temple était orné,
Et que, dès le matin, la cloche avait sonné.
Oh! cette voix joyeuse, au fond de mes entrailles,
Me remuait pareille au glas des funérailles,
Au point qu'après dix ans, quand elle résonnait,
Mon corps, aux premiers coups, malgré moi frissonnait !
— Sous mon œil hébété tout passait comme un rêve.
Etait-ce épuisement, oubli, moment de trêve ?...

J'allais comme un homme ivre, et j'entrai dans le chœur;
Le vide dans la tête et l'atonie au cœur.
Bientôt, le couple arrive, approche et se prosterne...
Je promenai sur eux un regard morne et terne,
Puis j'entonnai le chant de l'office divin;
Avec le fol espoir de n'en pas voir la fin.
Il me semblait toujours qu'un Ange, un Dieu propice
Viendrait bouleverser l'odieux sacrifice,
Que si le ciel pouvait jusqu'au bout le souffrir,
La terre, sous mes pas, du moins allait s'ouvrir;
Mais le ciel, mais la terre à mes vœux insensible,
Me laissait achever le sacrifice horrible.
Enfin le moment vint où le serment fatal
Devait à tout jamais l'unir à mon rival:
Je me tournai vers eux : haletante, altérée;
Ma voix balbutia la formule sacrée.
A peine eus-je parlé que j'aurais tout donné...
Pour qu'elle refusât je me serais damné !
Mais hélas ! C'en est fait, et sa voix affaiblie
A déjà prononcé le serment qui la lie;
Je me sens défaillir..... Courage ! il faut encor
De son doigt qui tressaille approcher l'anneau d'or;
Je m'incline, et bientôt la pâle fiancée
A senti sur sa main ma main morte et glacée.
Pour la dernière fois, mon œil trouble, hagard,
Chercha, mais vainement, à lire en son regard.
Blême, le front baissé, résignée, abattue,
Pas un souffle de vie en la blanche statue,
Ne révéla le fond d'un sein désespéré;
Et je la vis partir comme un homme atterré.

« Je n'irai pas plus loin, car la pensée humaine
Se refuse à sonder cet abîme de peine.

Bientôt l'hiver revint et fit place au printemps ;
Le printemps fut bien triste, et j'attendis longtemps:
Enfin, elle arriva, mais défaite, amaigrie,
Par un mal inconnu, sa jeunesse flétrie.
Au bras de son époux, comme une ombre, le soir,
Au pied de la montagne, elle venait s'asseoir.
Oh ! quand je la voyais, pauvre martyrisée,
Fleur par un vent de mort sur sa tige brisée,
Si belle encor pourtant, ainsi vers le hameau,
Se traîner, pas à pas, comme vers son tombeau ;
Vous seul savez, mon Dieu, vous seul pourriez redire
Tout ce que j'ai souffert, souffert sans vous maudire:
Mais, Seigneur, d'elle enfin vous avez eu pitié,
Et quand par vous son cœur fut assez châtié,
Plus heureuse que moi vous l'avez rappelée,
Et dans votre beau ciel doucement consolée. »

« Le vieux prêtre se tut, car sa voix en sanglots
Malgré lui s'éteignait avec les derniers mots ;
Je contemplais muet cette grande infortune,
Ma tristesse eût rougi d'une plainte importune.
Bientôt se remettant : « à vivre condamné,
J'avais vieilli, dit-il, que vous n'étiez pas né.
Aujourd'hui que mon corps sur ma tombe s'incline,
Vers le Jour éternel sans peur je m'achemine ;
Voilà ma récompense, et, quand viendra la mort,
J'aurai vécu sans crime, et mourrai sans remord.
   Pour vous, qu'il vous souvienne, enfant, que sur la terre,
— Tant de l'homme si vain est grande la misère, —
La joie et la douleur, tout passe, tout finit,
Plusieurs fois par l'amour le cœur se rajeunit ;

Vers d'autres passions l'inconstance l'entraîne.
Attendez, — devant vous la route s'ouvre à peine, —
Et votre indigne amour, vous le verrez finir,
Sans qu'il vous laisse même un honteux souvenir. »

III.

Deux ans sont écoulés depuis cette soirée.
Le front haut, l'œil moqueur, triomphante et parée,
Fière, et plus séduisante encore que jamais,
Souvent je vois passer celle qu'alors j'aimais.
Plus rien, à son aspect, ne dit en moi : c'est elle !
Pourtant je l'aimais bien, pourtant elle est bien belle,
Belle à faire frémir d'un indicible émoi;
Mais mon sein ne bat plus, elle est morte pour moi.
D'où naît ce changement? — C'est qu'une autre est venue,
Moins belle, mais du moins, bonne, aimante, ingénue,
Dont les soins empressés m'ont doucement guéri,
Et par qui dans mon cœur l'amour a refleuri.
Le vieux prêtre ici-bas a passé solitaire ;
Plus heureux, j'ai trouvé mon bonheur sur la terre,
Et je songe parfois à ces chagrins d'amour,
Ces chagrins éternels... morts hélas ! en un jour !

Charlemagne Déulin.

Condé, le 25 septembre 1851.

Imprimerie de A. PRIGNET, à Valenciennes.

www.ingramcontent.com/pod-product-compliance
Lightning Source LLC
Chambersburg PA
CBHW060627050426
42451CB00012B/2467